Your paragraph text

www.ingramcontent.com/pod-product-compliance
Lightning Source LLC
Chambersburg PA
CBHW081720120626
46550CB00010B/3181